AF290554

ARS VULT
o acerca de como maltrechar el cadáver

Nicolás de Casimiro y Moya

Impresión y editorial: BoD – Books on Demand

info@bod.com.es – www.bod.com.es

Impreso en Alemania – Printed in Germany

ISBN: 9788411233279

A quien me leyere...

ENTONCES LA MUCHACHA ESCAPA LIBRE

El frío arropa mi piel,
cosa que no hacen tus brazos;
pero es en sí un frío distinto al que reina en mis entrañas putrefactas.

Enfermo y desvalido; joven pero tan anciano;
huérfano de ideas disimulo mis padecimientos,
adoptado por el 𝕿𝕺𝕮𝕶𝕬,
le abrazo como a un hermano o como a quien yo amase,
...en su lecho mortuorio;
quizá ésto no es lo adecuado.

Vago sin rumbo hasta renacer para poder vivir,
si es que el vivir no es una invención,
y sólo si es real,
como reales son tus labios;
labios carnosos y rojos
que nunca recitan mis versos escritos en verde.
Unos labios de los que nunca saldrá una verdad,
no al menos, hasta que claves ese cuchillo en tu abdomen de desierto,
o en tu cuello de valle;
y la sangre regurgitará de tus entrañas,
y la sangre pasará por tu garganta,
y la sangre
llegará a tu boca, excitando...
excitando a tu lengua y a mi ser (y no ser),
pintando tus dientes,
y nutriendo tus labios carnosos, que no me recitan,
adornándolos como flores en primavera,
siendo así lo mas puro.

Si pudiese abrazarte bien sabes que mis huesudos brazos te congelarían,
como a mí tus ojos,
como a mí tu mirada.

Puede que tras tu muerte me ame,
como a ti te amo;
como a los gatos, y a la cerveza,
como a los senos y más a los tuyos,
como al color morado y a la sangre,
o como a mi alimento que es poesía;
rostro de tinta grabado en mi culo:
¿qué pretendes arruinando la vida?

Devastados los sentidos y violado el acto de escribir, aquí sigo,
como dije hace años: «*argumentos para el suicidio*».

Sucio eco jamás visto;
cansado y derrotado caigo con sólo paciencia acelerada,
a la espera de razones,
para no seguir durmiendo.

INÚTIL CÍTRICO

La vida es una mandarina para los que comemos carne morada,
y la piel porosa me redacta.

El insólito dolor de los lirios rotos,
saboreados como si fueran tierra húmeda...
Multitud de alcaparras y de vidas derrochadas,
                    ...húmedas todas.

La vida es un desgarro en la bota,
por onde sólo se escapa el vino.

Mañana será cortado otro ciego,
otra flor morirá,
al igual que tus dientes.

He dejado morir a mi cisne
y he desperdiciado mis pañuelos y algas;
las jirafas lamen mis oídos,
y digieren mis pensares;
así es que sus pieles están ahora infectadas.

Un valle a rebosar de abrigos no arropa ni a los dedos,
y mi alergia me delata,
como lo hacen las mesas y los embutidos.

Ignorante de mí,
defeco en la llanura de la ciudad
y de la vida;
y el fruto de ése acto revoluciona,
así los pájaros cantan,
                    los coches se apagan,
y los libros cobran vida a mi alderredor;
así es que no puedo respirar...
Latas de mejillones y cajas de corbatas me ahogan,
ya sólo veo la vida devastada.

Estoy en el fuego,
porque no importo,
y empapado en gel de ducha y mantequilla,
ahí ardo.

A LO ALTO DEL POBLADO DE NAIPES

El Sol se esconde tras nubes que parecen ser palabras;
acosado por la incertidumbre andaré hacia una luz tan obscura que permanecerá
[en cada pómulo.

Porque yo caigo en un abismo tan profundo como las palabras que ocultan al Sol,
y tan obscuro como quienes osan pronunciarlas.
Y yo sé el secreto de la vida perdida que es belleza:
el secreto es que no somos, pero que éso no importa. Narcoleamos y éso es lo único
[real.

Porque yo podría escribir versos como hizo Neruda,
o en los corazones como hizo Machado;
podría escribir sobre el cuerpo de una joven muchacha abrazada por el oblido,
como hizo *Humbert Humbert*,
puede que incluso pudiese escribir sonrisas en los rostros como hace Lorca,
pero lo cierto es que no puedo,
no puedo más que sangrar sobre un papel nacido por los cadáveres de mi pasado
[yo.

Yo he vivido mil vidas y he estado entre millones de brazos y de labios,
mas, ninguna vale tanto como ésta,
o como este momento en el que el Sol sonríe porque está arropado entre voces y
[susurros (pues los gritos vendrán más tarde).
Y acariciaré el cadáver de tu mirada con mi mano de plata y aguamarina
porque es como la Luna que falta o que se oculta en este cielo *in-verso*.

Escribir es pecado en la religión de la democracia; y quién sabe si sentir…

Viento nutrias y quizá cortezas,
sazonadme con vuestras caricias.
He implorado tantas cosas que casi llego al total de una.
Yo pensaba en ti como si ya no existiese,
pero quizá aún podemos escribir una oda a los jardines,
tú que brillas y me entiendes, o éso creo.

Nublemos el cielo con nuestros abrazos, pero que no se entere la Luna.

Adiós en cada momento.

El poema ya moribundo desaparecerá en su lecho como beso en la mano o en los
[labios,
y permanecerá como tosco o como nostalgia quién sabe ónde.
Quizá junto al Sol; o quizá sea éste quien lo arrope.

CLEATSAVAJE

Alimentar el gozo más obscuro del existir
que es el amor.

Me sangran los dedos a causa de escribir,
y de acariciar ovejas y tierra;
a causa de caminar y señalar, y
de rascarme.
Me duelen los dedos y ya sólo queda
el agua de rosas y de azahar.

En tus ojos veo mi despreciable reflejo,
y la brillante duda de si seguir viviendo o no.
Sin placer ni sangre espero encontrar respuesta,
en tus labios,
cortados y salvajes,
cortados como la brisa al casi rozar tu rostro,
salvajes,
como la melodía de tus palabras,
salvajes, como tu presencia tranquila
y, como tus rodillas.

La madre contestó con lágrimas en los ojos,
y la muchacha tomaba la cabra,
pero tenía la cara vuelta al desaparecer...
...sin rastro.
—Y no te haré nada—, contestó;
pero nadie puede ganar al río,
excepto los pezones, hermosos, claro,
de mujer o de lobo;
leche de la tetillla que es el opio de la vida.

EN EL JARDÍN TRAS LA ESCUELA DE MÚSICA

Querría cabalgarte sin cesar
como haría con cada verso no escrito,
y por éso escupo en la página,
a la espera del reblandecimiento de ésta.

Cantos.

Escúpeme todos tus fluidos en los ojos,
para así poder verte tal como eres o tal como finges ser.

«Et tamen stellae».

Y me sorprendió conocer a alguien que
también besa a los cadáveres,
y que lame muñones;
alguien que también mata marionetas
y aplasta cucarachas como a migas de pan.
A esa chica que sonríe a la sangre ingerida,
y de mueca siempre triste.
Alguien que también aspiraba el polvo de mis uñas.

Jugo de llanto.

Quien reposaba bajo olmos y sauces,
y conoce el éxtasis del espuma.
Esa chica verde, esa chica morada;
pálida.
Tan pálida...
Esa chica que oye sollozos que son suyos pero,
¿por qué no los escucha?

Taciturno.

Del alma, vomitar es crear,
y eyacular es la perdición que une a los
cuerpos, ...y conecta las almas.

Mi cuerpo sudoroso de tu saliva reclama,
todo lo que no es suyo;
sea así todo
...y nada.

Labios cortados.

Me sorprendió conocer a esa muchacha,

creada de palos y hojas secas;
ojos.
Arena virgen
digestión de piedras y palabras secas.

Esa chica agria que abusaba del excremento,
o como yo lo llamo:
                              ...mi alma.

Chata.

OJOS DE SINENSIS

En mi vida derruida,
sólo encuentro como buen augurio tus miradas,
de color que desconozco.

Ojos sonrientes de dientes perfectos,
que son pestañas;
legañas no engañas,
párpados deslumbrantes,
arropados ligeramente por tu cabello caoba,
cual da la sensación
de hilos de cacao y de centeno.

Pero como espinas tiene una rosa,
tus ojos son mi cárcel,
y solitario y mudo ahí me pudro,
entre los barrotes que yo solo he creado.

Ya que tus ojos son mi celda,
y mi veneno tu pecho,
permíteme que tus labios,
sean mi lecho.

C'EST ICI
(versión en Castellano)

Hoy, es un buen día para llorar.
La noche es virgen todavía,
y en la Luna, los murmuros se reflejan.
Los niños muertos cantan a las lágrimas,
                            y sus palabras,
                            se reflejan en la Luna;
y sus lágrimas son vírgenes todavía,
como sólo son los muertos.

Las gotas de la lluvia humedecen el paper,
y las lágrimas,
                titubeantes,
lo ablandan,
                        deshaciéndose así la tinta;
mientras que la noche virgen,
es cada vez más espesa.

Ya no existe el tiempo,
pero, ¿y éso que más da?;
lo único que importa es que la noche aún es virgen,
como lo son mis labios...
Sólo importa que en la Luna se refleja la lluvia,
cada vez más leve...
Y que las lágrimas tintinean suavemente sobre los muertos;
y la noche virgen es ya muy profunda.

El Sol ya se ha ido,
ahora, es una buena noche para llorar;
cras mañana,
cuando sobre los edificios vuelva a alzarse el Sol,
habremos de secar las lágrimas con libros y ebriamen;
hasta entonces,
~~es un buen día,~~
                    es una buena noche,
para llorar.

Es una noche idónea para escribir hasta tarde,
hasta que las palabras sobre el paper y otras
cosas me maten.

Y mañana no,
                pero algún día,
escribiré un buen poema;
escribiré algo tan bueno como esta noche que prácticamente pertenece al mañana,

escribiré algo tan hermoso como tu cutis,
como tus manos,
                    como el tacto de tus palabras;
escribiré algo tan hermoso como sólo es tu mirada,
como lo es tu cabello modelado por el viento,
y como lo son tus ojos entrecerrados por esta lluvia;
escribiré algo tan hermoso como tu figura o tus sonrisas,
pero ni hoy
ni mañana,
será ese día;
porque hoy es un buen día para llorar,
y sólo importa la Luna alta,
y el canto todavía virgen de los niños muertos.

Y hace frío,
            ...cuánto frío hace;
sopla a través de mí
                    el viento de la nada.

Pero sólo soy un muerto,
                    sólo soy un niño;
...sólo soy mis lágrimas.

Oh, vetusta Luna,
rodeada de niebla,
                    rodeada de nada,
luce,
            sola, perdida en la nada,
en mitad de la noche virgen,
y rodeada de estrellas y de palabras...

Y me gustaría dedicarte un verso...
tal sería, que en el tu interior florecerían lirios,
pero, sólo puedo dedicarte mis lágrimas;
en esta noche virgen, en esta noche vetusta,
                    obscura y solitaria; tan hermosa...
Sólo puedo dedicarte susurros de esos que
se reflejan en la Luna eterna,
porque no hay verso escrito o que yo escriba,
digno para decirte que te lo dedico.

Y los niños muertos cantan a las lágrimas,
                            y a la nada;
y ya sólo se escucha el silencio,
amedrentado por esta noche hermosa;
y ya nadie recuerda al cielo...

Hoy es un buen día para llorar,
pero nada importa,
ni siquiera esta noche hermosa;
porque no estás a mi lado,
                              reflejándonos en la Luna,
no estás calentando mis labios con tus besos,
ni abrazas mis lágrimas con tu alma;
no estás abrazando con tus manos mis palabras,
y éso es lo único que importa
mientras, la Luna pasea solitaria,
                        y la noche está desgarrada.

Es la vida,
eres tú,
              mi amor;
es la nada,
son los niños,
son las lágrimas,
¡y los muertos!;
y eres mi alma...
tú eres todo para mí
                    que soy nada.

La noche ha muerto,
y las palabras son vírgenes todavía,
porque las palabras aún están muertas.

SER NEVERMORE

He vendido todas las monedas que cabían en mi mano;
he bailado bajo la lluvia,
y junto a la mujer desnuda del casco amarillo.
Me he mirado al espejo intentando convencerme de que sé qué o quién soy,
y sangrando he gritado a mi figura distorsionada:
«Tú eres Nicolás
como yo soy de Casimiro y Moya,
porque yo soy Luno como tú eres Bredoteau».

Pero mis lágrimas se derraman y, se inunda el techo,
onde a veces brillan las estrellas.

Porque yo he abrazado el silencio y lo he amado,
hasta que me planteé si él es parte de mí.
He soñado con fauces y con mistriles
que me vigilan y a veces, me visitan incluso.
He intentado moldear personas y no diré si lo he conseguido.
He ganado; y lo sé, porque estoy vivo.
Y ganaré, porque sé que acabaré muerto.
He viajado por una escasa parte de mí
y cuanto más me viajo, más diminuto es el mapa.
He basado una hipótesis que afirma que no tengo sangre,
sino que emociones líquidas,
un cóctel tan puro que ardo;
entero yo ardo.
Me he alimentado de dinosaurios de plástico
y de manzanas de madera y,
ya estoy harto...
Me he acostado con cada persona que ha osado leerme;
y hubo orgías de palabras y senos,
...versos y cuerpos.
Siento como desnudo te abrazo a ti, lector.

* * *

He comido de vuestros besos e ideas,
y he abrazado vuestros oídos con mis palabras, con mis versos.

Yo he soñado con despertar,
a veces lo hago.
Yo, he sufrido hipotermia con dos años,
mi corbata, cresta engominada y maleta.
He fingido cosas y he ocultado otras tantas.
Yo que violo, mato, y atormento,
tan sólo con mi pluma llena de tinta,
o tan sólo con mi corazón vacío.
Porque yo he orinado las palabras que nadie ha dicho;

y en mi cabeza, se han podrido algunas.

* * *

En cambio, he visto tan pocas veces la Luna…
a pesar de haberla observado tanto.
Estoy tan extasiado…
pero no puedo dormir, no puedo…

Por mis ojos se escapa húmeda mi vida,
imperceptible.
Camino de espliego y espinas…
                ¡¿cuál es mi nombre?!
quiero ser como crisálida en mi lecho.

He acariciado a mujeres y a estrellas
(más diría, si existiesen),
no he vivido nada
pero cuán larga ha sido mi vida.

Acariciar tus pupilas,
            la famélica muchacha del supermercado;
esternón defectuoso,
            el veneno matarratas;
tantos paperes rotos,
            el leer sus manos.

ALEGORÍA CUARTA AL DOBLE MAR

Como la sucia flor manchada de tu mierda;
como unos besos desde el alma,
que se perdieron al acabar la conversación.

Como el pensar en ti que es como pluma:
sin vexilo ni raquis,
¡ni ombligo ni cálamo!
sin ombligo superior ni inferior...
pues sólo tinta sobre la hoja.
Como el recuerdo de ti, que es como cuchillo:
sin mango ni hoja,
ya que sólo filo en mi interior,
una herida en el (supuesto) yo.

Como tu mano que pierde los blaos dedos,
al igual que flor que se comienza a marchitar;
pero estás comiéndote esos pétalos,
y no te quedan ya falanges,
cuando consigues parar.

ODA SEXTA AL DOBLE MAR

Perpetuado.
Reina Absorta del Silencio,
extraña Deidad de las Profundidades
¡oh!, Emperatriz Eterna de la Ternura,
¡oh!, ¡tú!
esculpida por Miguel Ángel o compuesta por Tárrega.

Cisne plegado, alegoría de lago,
serpiente cuadrúpeda de palabras envenenadas,
tú bien sabes que los únicos despiertos a las tres de la mañana
están tristes, enamorados, borrachos, o todas.

Tú que desafías mis fuerzas y esperanzas,
y que a vampiros en mi mente alimentas;
tú que eres brillo y sombra de mediodía.

Es una bendición crearte sonrisas;
Reina del Silencio,
                              apogeadora la duda de tus uñas,
tú que cuando hablas tiemblo,
cuando miras derrumbas...

Eres *Mía Gualas* esnifando polvo marino...

¡Oh tú!, ¡Gibosa!
¡Régimen del esplendor!
Tu cuerpo es un laberinto onde imploro perderme,
tú que eres un Mar tan profundo...
Tu boca es una isla onde desearía estar atrapado.

¡Oh tú!
Reina esplendorosa de la sensualidad,
oh, belleza indescriptible mediante la razón,
tú logras hacer maleza a mis plegarias.

Guardo tu tacto como a las Repúblicas de España,
falsas, pero hermosas en la memoria.

¡Oh Gibosa!
¡Oh tú, tan sedosa!
Ráfaga, o brisa.
Sonrisa o silencio.
Tu tacto oh, nudez;
refugio o incendio,
oh, marea, ¡me hundo!

…pero no importa,
no más que tu Templo…

A veces tu mirada está tan perdida como lo está el Hombre…
Creemos un nuevo América Norteña,
llename de flores…

¡Oh! ¡Tú! ¡Gibosa!
Eres como Luna, o reflejo en el océano;
eres como océano
o su reflejo,
y humildemente, ese reflejo te dedico.

Mi pequeño Duiquer…
quiero que me manches los dedos con tus pezones;
quiero convertirme en una palabra,
porque sólo soy libre en tus labios…

«Todas las gotas de la Mar
son tantas gotas de mi sangre;
todos los peces en el Mar
son tantos trozos de mi carne.»

ODA SÉPTIMA AL DOBLE MAR

Te besaré mañana.
Te besaré mañana cuando las golondrinas vuelvan a posarse sobre mi polvino.
Te besaré mañana,
cuando el musgo de mis pensamientos
se pudra en mis palabras,
y te diré lo que siento, porque lo sabré.
Te besaré mañana cuando tu sangre manche este suelo color laca que nos sostiene.
Te besaré mañana, cuando las hadas resuciten,
y ya te hayan entregado los míos tus poemas.
Te besaré mañana cuando tu pelo vuelva a ser largo,
y tus uñas negras.
Te besaré mañana, cuando haya logrado mirarte sin morirme,
cuando mis manos se desaten,
                              y ya sólo fluyan las palabras.
Y te mataré mañana,
y besaré tus labios con mi alma;
cuando la anciana augure grandiosas noches,
y cuando ya sin jugo
tus ojos logren verme.

Será doloroso si resulta cadáver,
será hermoso, si resulta la magia.

Eyacularé sobre tu cuerpo los versos que antaño te dediqué,
y me dejaré bañar por tu dulzura,
de igual manera que me dejé sucumbir por tu persona.

Y sí, te besaré mañana,
cuando tu cadáver sea virgen como recuerdan haberlo sido mis lágrimas.
Te besaré mañana cuando dejen de perseguirme las martas de cutis antagonista al
                                                                          [tuyo.
Te estrangularé mañana, y seré sólo tuyo...

E imploro ser Aino,
y moverme y vivir en la Mar;
ni tímalo ni lucio, sino que salmón dorado,
nadando en ti;
por desgracia parezco estar sobre barca,
una gruesa película de madera ajena a mi huso,
que me separa de tu cuerpo acuoso.

Y me siento desdichado,
porque otros *yoes* ahora te estarán abrazando,
o hablando contigo, tantos otros...
Tantos comen de tu carne pálida.

Les maldigo…
mas, no les deseo el peor castigo,
que es ser yo en este mundo, sin ti.

Las flores hoy se agitan,
            porque saben que te besaré mañana,
pero entonces ya estarán pútridas.

Y te miraré mañana y mis ojos serán en ti como raíces o,
como cosas de esas que te hacen sonreír
…y mirar al suelo,
para poco después volver a besarnos con la mirada.

Tú que fuiste remolinos
(y que aún lo eres, aunque sólo sea en un país lejano),
a ti que te traicionó Dalila
y que ahora pareces la última Lágida;
permíteme esculpirte un siete en la nuca,
tú que descifras el amor y el asco,
tú que disfrazas…
permíteme llenar de huecos tu caja torácica.

Hablemos de *Oslo*, *Trondgiem* (ese *Niðaróss*, o *Caupanguen*) y *Tromsoe* (¡el París
                                                                    [Norteño!),
incluso de *Lilejámer*.
Hablemos de tal cantidad de sitios que no entren en tu sonrisa.
Quizá *Camchatca*, o *Chucotca*.
quién sabe si sobre Nuevos *Úlster* (que es «*Ule*»), *Múnster* (que es «*Guun*»)
y *Lénster* (que es «*Layin*»).
Hablemos de *Lisboa*,
porque mañana,
escavando agua un poco antes de la orilla del país de la Muerte,
te besaré,
            y las golondrinas serán libres, al igual que lo serán nuestros besos.

UN ESCRIPTO SOBRE LA DECADENCIA

El silencio de la noche fue quebrantado por los gritos,
y de las palabras sangrantes salían letras

                            no,

                              citas célebres

de todas las eras que ha conocido el Hombre
           (o a lo que concebimos como Hombre)
y también salían raíces que ataban mis extremidades y mis párpados
         o lo humano del espaciotiempo en que vivimos.

Salen grandes cucarachas, con capa blanca
y se meten en sus limusinas aún más blancas,
y se abren las puertas
              y se abren mis párpados.

Tengo miedo de no conocer a la famélica chica del supermercado
(quien es como mancha en la mi pupila)
y de no volver a ver,
a quien creo es la famélica muchacha del supermercado…

«Et malgré tout,
            je chante…»

Estades ciegos y vos dan lejía
para limpiar los vuestros ojos.

EL LAMENTO DEL PASTOR

Goéz y Bocachio,
observan, sin esperar ren alguna,
...a los juncos.

Y la Muerte del cuadro para tocar su violín más fuerte sale;
«dime ahora lo que has hecho con tu hermoso muchacho de ojos blaos,
Señor Muerte».
¡Sal de los árbores «Satana»!,
o mejor, ¡escóndete bien en ellos!
Ca vienen hebreos que van a pervertir tu nombre,
vienen los verdugos de Jesús a denunciarte
y te a llamar con nombres de otros seres;
toca suave tu flauta, «ente de los infiernos».
(Y mientras escribo, me doy cuenta que es hoy un díe idóneo para pasear por los
[arvollones.)

Pero no te preocupes,
sabio Hombrecabra,
ca ellos te rezarán aunque sea en las ombras,
aunque sea a lo que crehen que ses...
Como a un violador,
y no como al amante que descansó su libido para unctar el cuerpo de su amada con
[juncos,
ses tú así, oh, mahestro de las tiñebras,
para esos sodomitas insensatos,
para esos pobres e insensatos pecadores.

Y quién sabe ónde,
no escondido sino que protegido,
se encuentra ahora el Muchachochivo;
en *Larisa* o *Dodona,*
en *Leucade* o *Delfos,*
en *Tebas* (a pesar de su destino) o *Andros;*
Samos o *Argos,*
en *Calcis* o *Lesbos* (que aunque llamativa, quizá no es el mejor luto...).
Quién sabe ónde toca Pan la su flauta
a su muchacha,
y la Muerte acompaña al matador,
al enamorado, que no es su presa;
pero aún así ella espera al Réquiem...

EL CLARO DE LUNA

La llamada de la Luna
acudo veloz,
a tumbarme sobre tus muslos,
o so ellos.
Oigo como me llama,
se abre un camino de eternas flores
iluminado por las estrellas...
Ando por el sendero
que me lleva a tu jardín
que me lleva a tu lago,
y quiero bañarme entre los capullos
y quiero oler las aguas,
pero tus ojos nunca han logrado verme.

Oscilo como péndulo
alderredor tuyo;
tu interior rompe la gravedad
me hace concebir lo natural como salvaje.

Noto como me aplastan
las piedras del Templo;
bañado en sangre
sólo puedo recitar.

Un cuerpo celeste que me oprime;
no hay descanso,
si no puedo formar parte dese astro.

TU ALMIZCLE ES MI DROGA

Alegría mía en la noche solitaria;
tú:
fría colegiala nimfómana de versos,
tu espalda es un amplia estepa
y los mis labios son caballos cegados,
por la locura de cerrar el recorrido que ofrece tu piel.
Lenta agonía,
el flujo;
se plena la jeringuilla...
Alucinaciones desinteresadas;
verte es el preámbulo al suicidio
            o a sus tendencias...

UUISCH THOU UUERE HERE

Otra vez más
tan sólo cuatro palabras
                    (ni tan siquiera mías),
ya lo dicen todo.
He vuelto a coger & a usar mi pluma,
sin que llegue a importarme la caligrafía
(escribo acelerado, como si llegase tarde a expresarme o
a sentir);
pero ahora escribo sobre branco paper, branco y puro
como el semen que te dedico.

Amarte sería mi nota de suicidio
(quererte es el acto en sí) que bien firmaría con mis besos;
& he vuelto a escribir con mi pluma
¿ónde son agora las flores que crecían?
Ora tras mis pasos, ora entre tus muslos...

¿Cuál es mi nombre?
Me grito mientras arden las páginas
(mías algunas, muchas no de mí),
y todo se desface, y fluyo por el desagüe
pero, se atragantan mis entrañas...

Sólo soy un infante,
no puede el tiempo, medir mi edad. & es ahora
cuando el Sol pega fuerte.
¿Cuándo? ¿Cuándo?
¿Cuándo, cuándo?

Yazco en el foso del infinito,
y se derriten mis manos
antes de llegar a tu rostro...

DOLORIS ANAPHORA

Noto como

        el tiempo se desgarra

y parece, me da la sensación

        de no sentir sensaciones y

noto un pedo

        un pedo enorme,

de dimensiones tales, que hace sentir

            incómoda a

      la gente,

          por su   mañeficencia,

     un pedo que,   enorme

         está en el fondo de los

             océanos impenetrables

ese patio onde juegan las cenizas de

                los muertos

        y sube   pausa

           sin

                   hacia la

          superficie lejana,

      angosta.

Es tal la   fuerza deste pedo

            que al llegar a la superficie

     es él el que   originado

          ha

            las olas todas.

Pero de repente, tengo que dejar de escribir;
se ha abierto la puerta, se han hundido mis subspiros.
Es la Reyna de las guirnaldas la que
        reposa bajo el lumbrar de la puerta de mi habitación
(que huele a paja rápida & a libros viejos)
      & esta vez no trahe armas (físicas, me refiero)
esta vez, además, viene sola
        y tras un breve silencio
me levanto corriendo de la cama, voy
     al escritorio,
necesito más vino. Me bebo la
taza   entera, pero mientras me sirvo otra pienso,
que mejor que beberlo sería afogarme en él
(pero yo no soy quién para privar al Vino del su mayor placer, que es el de ser beudo),
y no me apetece escuchar sermones,
ni imaginar como son las piernas de la Reina,

                              bajo sus rojos vestidos,
tan sólo guardo mis cabellos
                    en trozos de un mantel de mi padre.

Y voy a por más Vino (con esperanza que pueda éste manchar

                                              el mantel; entero)
y bebo & engullo esa sangre sacra
de igual modo que el mar traga las cenizas de los Muertos.
Estoy demasiado cansado (exhausto) para me indagar,
              y sigo cogiendo Vino ca, estoy cansado de las lágrimas
(y de todos los significados y símbolos de éstas).

                              Me desintegro entre la materia.
                     Nuestro sistema métrico es defectuoso:
             no se mide el tiempo en segundos horas díes, ni en años.
                            ¿Y cómo se mide un poema?
                              ¿En palabras, dirías?
              (Entonces será mejor que vuelvas a tu penitencia
                     no estás preparado.
                          Y los pasos, no en metros,
                          y los pesos no en gramos.
                     Había olvidado a Jofman y sus medidas,
                          es alguien a tener en cuenta.

EL INSECTO

Un insecto ha venido a visitarme,
y con su cuerpecito apoyado en la ventana
con su pose, parece que proclama,
haber venido a enseñarme.

Sus largas antenas por denante,
apuntando al Sol, con calma;
al observar su lomo, entra en mi alma
& Atenas funda él en mi mente.

Ysabela et ego eum observamus;
ahora han miles de años,
coniuncte sumus; sole sumus.

Admiración a ese ser dantaño,
(una pausa: tan sólo 無)
no ser él, es el Daño.

Die Kunst des Todes.
El arte de la Muerte
                    como fuga.
ombras sobre el lago helado
                    trámites rostros desgarrados que gritan
a través del gélido hielo
                    (ése que no es más que el vidrio
en que se reflejan los que danzan,
                    al compás del agua que se desquebraja).

El arte de la Muerte,
                    como trauma encerrado,
en mis astillosos huesos,
                    desdaquel lejano rincón del infancia,
desde aquel oblidado rincón en el que lloro
y es la infancia.
    Se levantan las ombras desde las profundidades del lago,
y empiezan a caminar el paisaje en que antaño convivió el hielo[1]—.
La nieve que fecunda el arte de la Muerte
al acariciar mis pútridos pétalos y mi delicado pubis,
                    es ahora cuando la Muerte afina su instrumento,
y da continuación a la obra,
haciendo bailar a las ombras sobre el lago,
el paisaje de las lágrimas
de las lágrimas que no llegaron a conocer el calor del amor,
y tal ausencia intervino (innegablemente) en el su estado.

El arte de la Muerte,
                    sí,
es un arte hermoso, delicado; desgarrador y violento, como sólo
lo es el pubis.

---

1   Y nulo sabe con quién lo hizo.

APRENDIENDO LA MÍSTICA ESFERA DEL CONOCIMIENTO

Hay una llaga en el espejo
y tras ella veo el reflejo de mi sangre,
en las pútridas encías de mis progenitores.

Mientras, ella acaricia y lame las varices de mi alma,
mientras recorre, a trompicones, chapoteando sobre la mugre
los vacíos palacios de la mi ánima,
pisoteando las afueras de mi existencia.

Y sí, tu mirada es luz,
como pétalos so lago, so tez,
como mosca so el carnuz;
un insulto a la mi sensatez.

Recuerdo cuando Satán me bañaba en su orín
como mutis de mi volición,
como epitafio a mi conciencia;
como *convivium* de las vísceras de mis sentimientos.

Tu mirada es luz,
pero yo soy un murciégalo que sólo vuela
alderredor de las llamas de las velas.

Hay noches en las que, cuervo ninguno
se posa sobre mi ventana,
pero yo grito: «*Nevermore*»;
hay noches, en que oblido el sabor del viento.
Y la pupila se me dilata cuando veo los cadáveres del Cierzo,
y del Céfiro;
y, desconsoladamente grito:
«*¡Nevermore, nevermore!*»

Como *Bodelér* rezaba al jachís,
yo rezo al Verso, que es lo que Soy.
El Verso es una estatua de hielo,
y las sensaciones, portal extraño,
pues en el alma, aquéste es vivo fuego.

A veces el olor de las flores es pútrido
y parece que a nulo le importa.
El poema es Vacío,
la hoja en branco insulta al alma;

y el poeta, es...

Pero ahora comienza a sonar la música
de las Campanillas de lo oculto,
y la joven muchacha del vestido hecho de astros,
me tiende la mano
                (a veces la melodía para, no es
                        continua)
para llevarme al Fondo del Lago de los Cielos,
onde se forjan aquesas Campanillas;
ella es, la Muerte.

Escupo sobre la página y sobre la tu mirada y,
sobre la luz de éstas,
porque escupo desde mi alma, a ella misma.

Pero en el momento en que
suelto el boli,
para repasar lo escrito (*ab irato*)
encuéntrome abandonado en medio de un débil camino.
Y mis huesos son ya prácticamente madera
de los árbores que me rodean;
e ignoro a los cuervos que me roen
porque estoy demasiado obcecado en encontrar las venas de mi esqueleto
(inepto),
y sólo me preocupa no ver persona vía ese camino;
y me doy cuenta:
                estoy dentro de mí mismo;
y ahora sí que me duelen los picotazos de los cuervos mas
ya no digo «*Nevermore*», no, todo lo contrario.
Grito ahora (aúllo): «*Alwaysmore, ¡alwaysmore!*»
Pero mi viaje interior se ve interrupto
cuando recuerdo como mis versos escapan
                dentre la comisura de tus labios.

Se rompe el hilo del péndulo interno;
todo es inconexo;
fluyen las lágrimas estancadas,
                        y de la flor que nadie amó,
                                (de esa que todos repudiaron)
se alza ahora un manzano dorado;
doy otro paso hacia el Templo de Mí Mismo
                y en el altar hállase mi cráneo;
tan sólo un poco de sangre sobre el paper,
                para comprender el amor de los ángeles.

"...Death rises and laughs;
Tragedy,
Hell."
Mütiilation.

Paseo por la pasarela.
Todos me observan y miran
degradando a mi sexo que al aire se encuentra.
Y hay escozor detrás de mis orejas,
y ahora estoy tumbado en mi habitación
con la mirada perdida en el techo,
en el techo en que las mutilaciones de mi interior se proyectan.
Tan sólo quiero un torso que abrazar con mis brazos
y que pase también lo contrario.
Y parpadeo y de repente, ya no estoy en mi cuarto,
sino que en un jardín enorme, que sólo veo en blanco y negro.
En su mitad hay una fuente, esculpta de dura piedra
en cuyas inscripciones y bultos puedo leer la mi vida
(una fuente prohibida para todos, excepto mi persona),
pero súbitamente, muévense los matorrales todos (no eran
sino entes disfrazados)
y comienzan una coreografía, haciendo uso de sus silvestres ropajes
con música de fondo,
y en las escaleras veo (mas no su rostro) a una joven
hermosísima, de una belleza mística
que bien ganaría en toda comparación planteable,
cuya pálida piel lo es tanto que casi se ignora ónde acaba ésta
y ónde empieza el vestido,
con bordadas flores de finos hilos
y suaves telas mimadas por apicultores.
Su rubia cabellera, cae hasta la su cintura
de tal manera que parece que el mismísimo Helios
a caminar por este jardín hubiese o hubiera bajado, y
sus ojos claros como las aguas de esa misma fuente,
miran de repente a otro lado,
para que acto seguido, la portatriz de dichas joyas camine
seguida por el su séquito de matorros danzantes
a un lugar que escapa a mi entendimiento.
¿Será esa hermosa muchacha la famélica chica del supermercado?,
¿será mi alma?, ¿será la Muerte?
Ni tan siquiera sé si son distintas o la misma.
Corro entonces, entre negras y blancas flores, tras ella
pero soy detenido por la Guardia Real,
y corpulentos hombres (no creo que fueran humanos)
me placan y manosean,
pero lo más impactante es lo que veo en sus rostros,
y es que no son otra cosa, que algo entre el mío propio, y borrosas ombras.
Y aquellos colombroños faciales, me conducen al patíbulo de nuevo
(hoy tampoco asiste la Reina), onde me cuelgan sobre la fuente,
y acto seguido, soplo la última vela, que termina el Réquiem
(de quién es éste, lo ignoro).
Estoy de nuevo en la pasarela

contra el suelo de rodillas, tosiendo esputo y miasmas,
y miro a mi alderredor, y en el cielo se proyecta mi vida
(pero sólo yo la veo)[2] mientras todo huele al mi pubis.
Todos se levantan, y me aplauden, emocionados.

---

2   Sólo y solo.

PERDIENDO LO QUE UNA VEZ FUE SENTIDO

El frío, amenaza a su piel
sí,
ésta está ya dura, muy dura.

Lo que una vez fue rocío, hoy son perlas
de hielo en ese, cuerpo que se pudre, ese cuerpo, que descompone
el acto, de vivir.

Las sus uñas son como garras, tan afiladas que desgarra la vida
con el simple hecho de,
respirar; y si es un leve suspiro, no la importa.

Un susurro helado, en la nuca de quien
mañana resucitará, a causa de su propia voz.

El Estío está llegando a su fin, las hojas caen, sobre el Lago;
el manuscrito, sin mano alguna; el Otoño está escrito.

El manto de estrellas, será su sudario, encontrémonos cerca del río,
el fuego arde fervientemente, entre la nieve.

Las sombras, la amenazan, sí.
Ya se ha hundido, nada en el fango.

Un halo de luz
o un aliento putrefacto, sobre la piedra húmeda,
entre los árbores.

La Muerte es recurrente, sólo para los vivos,
la celda se estremece,
se calma la lluvia, cuando llega al océano.

La Luna será el filo de las sus venas,
y la Noche, su lecho mortuorio,
¿o no es ése el caso para todos nosotros?

Porque el destino no es más que una leve ilusión
del oblido
o una ilusión desolada, es un niño amenazado.

Cuando llegue la Noche
nihil quedará de mí, excepto lo que
está aquí ahora.
Al alba, del futuro,
cuando la ñebra aclara la vista, nihil,

38

nihil seré.

Pies desnudos, sobre el suelo;
alma desnuda, en la Noche;
el fin,
el comienzo.

Y los sus huesos, son como corteza;
y los sus versos, como raíces;
mas los sus besos
son una cesta
llena de
                tumores.

Está tumbada en el suelo, las ombras la llaman,
se adhiere al fango
pero éste la traga.

Y los sus huesos ya
son polvo, y los sus versos
viento, pero los sus besos
son como lágrimas, perdidas sobre
árbores oblidados.

Atrapado
en uno mismo, los gritos asosiéganse,
la calma que una vez
nos torturó
es ahora pétalos secos
                sobre la herida.

VICTO Y MALEDICHO POR EL ESCURIDAD

Un pájaro moribundo
póstrase a mis pies.
Está ya
descompuesto.
Y las sus suaves
              plumas
acariciarán mi piel;
sólo una vez que ya esté muerto.

Sigo
los pasos de Satana,
las huellas en el suelo húmedo.
Tras salir del pantano
que antes me tragaba,
vuélvense mis pasos más firmes,
más fuertes.
Y entro
en el Palacio de la Luz y la Iluminación,
para seguir yendo adenante,
para seguir viajando.
Y, prepárome
para la siguiente ciénega, en la que me hundiré,
sabiendo siempre que
incluso si es difícil de encontrar,
siempre descubriré
el camino que Satana ofrece.

Un pájaro moribundo
póstrase a tus pies.
Está ya descompuesto.
Y las sus suaves plumas
acariciarán tu piel;
sólo una vez que hayas muerto.

ALDERREDOR: *alrededor sin metátesis; más que por purismo lingüístico, porque
  es prácticamente imposible pronunciar la secuencia -lr-, y ya en segundo
  lugar, por conservacionismo del término original.
ÁRBOR: del latín *arbor, arborem*.
ARVOLLÓN: canal o conducto que da salida a aguas residuales, o depósito de
  inmundicias; del latín *alveolus, alveolí*, más el sufijo -ón, con el
  significado de *lecho o cauce de un río*.

BRANCO: lo mismo que *blanco*.

CIÉNEGA: *ciénaga sin disimilación.

DANTAÑO: contracción de *de antaño*.
DENANTE: *delante sin disimilación.
DENTRE: contracción de *de entre*.
DESDAQUEL: contracción de *desde aquel*.
DESTE: contracción de *de este*.
DÍE: del latín *diés, diéí*.
DONDE: contracción de *de onde*.

ESCULPTO: participio de *esculpir*.

INTERRUPTO: participio de *interrumpir*.

LUMBRAR: del latín *límináris, límináris,* y con cambio -l > -r por comodidad.

MAÑEFICENCIA: patrimonial artificial de *magnificencia*.
MISTRIL: de *ministril*. Cónfer: *menester > mester*.
MURCIÉGALO: *murciélago sin metátesis, del latín *muris caeculus*.

ÑEBRA: patrimonial artificial de *niebla*. Influenciado por *tiñebra*.

PAPER: del latín *papýrus, papýrí*.

OBLIDAR: *olvidar sin metátesis, del latín *oblíviscor, oblívíscí*. Cónfer: *obligó,
  obligáre, obligáví, obligátum,* > *obligar,* y el cognado catalán *oblidar*.
ONDE: del latín *unde*.

TIÑEBRA: del latín *tenebra, tenebrae*.
TRAHER: lo mismo que *traer*, del latín *trahó, trahere, tráxí, tractum,* por lo tanto
  con *h* etimológica.

ᚺᚨᛚᛚᚨ·ᚹᛟᛞᚨᛏᚨ